# Isis et Osiris

## un mythe de l'ancienne Egypte

# Isis and Osiris

## an ancient Egyptian myth

## Introduction

L'Ancienne Egypte a eu la plus longue civilisation dans l'histoire humaine, d'une durée de plus de 3000 ans. Les égyptiens vénéraient beaucoup de dieux ; deux des plus populaires étaient Isis et Osiris. Les rites funèbres égyptiens étaient basés sur leurs histoires, lesquelles racontent comment la première momie fut faite.

Le mythe explique aussi l'inondation annuelle du Nil, dont toute la vie dépendait. On croyait que l'eau montante était causée par les larmes d'Isis.

Les dieux et déesses égyptiens dans cette histoire :

Isis:            Déesse de la maternité, de la protection et de la guérison.

Osiris:          Roi des royaumes souterrains et dieu du renouveau.

Set:             Le dieu malfaisant du désert, du désordre et des tempêtes.

Horus:           Dieu de la royauté et du ciel.

Râ:              Le dieu du soleil.


## Introduction

Ancient Egypt was the longest running civilization in human history, lasting over 3000 years. The Egyptians worshipped many gods; two of the most popular were Isis and Osiris. Egyptian burial rites were based on their story, which tells how the first ever mummy was made.

The myth also explains the annual flooding of the Nile, upon which all life depended. The rising water was believed to be caused by the tears of Isis.

Egyptian gods and goddesses in this story:

Isis:            Goddess of motherhood, protection and healing.

Osiris:          King of the Underworld and god of re-birth.

Set:             The evil god of the desert, disorder and storms.

Horus:           God of kingship and of the sky.

Ra:              The Sun god.

# Isis et Osiris

# Isis and Osiris

Retold by Dawn Casey

Illustrated by Nilesh Mistry

French translation by Annie Arnold

Mantra Lingua

Le jour de la naissance d'Osiris une grande voix a retenti des cieux :
« Le Seigneur Tout Puissant est arrivé dans le monde. »

Seulement deux jours plus tard son frère Set est né. Jamais il n'y avait eu deux frères si différents. La peau d'Osiris était foncée et riche comme la plaine fertile. Mais la peau de Set était rouge et jaunâtre comme le désert sans vie. Et alors qu'Osiris aimait la paix, Set préférait la guerre.

On the day that Osiris was born a great voice rang out from the heavens:
"The Lord of All Things has come into the world."

Only two days later his brother Set was born. Never were two brothers so different. Osiris' skin was dark and rich like the fertile plain. Yet Set's face was red and sallow as the lifeless desert. And while Osiris loved peace, Set preferred war.

En ce temps-là, il y a très longtemps, Râ gouvernait encore sur la Terre comme le premier pharaon d'Egypte. Et, chose certaine, quand Râ vieillit et quitta ce monde pour voyager à travers les cieux dans son bateau du soleil, ce fut Osiris qui hérita du trône.

At that time, so very long ago, Ra still ruled on Earth as the first Pharaoh of Egypt. And, sure as fate, when Ra grew old and left this world to sail across the skies in his boat-of-the-sun, it was Osiris who took his throne.

Osiris et sa femme Isis devinrent Pharaon et Reine d'Egypte. Ils gouvernèrent sagement et bien. La paix régnait dans tout le pays.

Puis, Osiris voyagea dans le monde entier, enseignant aux gens qu'il rencontrait. Partout où il allait, la paix suivait. Et pendant qu'il était parti Isis gouvernait la terre d'Egypte avec force et compétence.

A son retour il y eut beaucoup de réjouissance, car son peuple l'aimait. Tous sauf un…

Osiris and his wife Isis became Pharaoh and Queen of Egypt. They ruled wisely and well. Peace prevailed throughout the land.

Then Osiris travelled the whole world teaching the peoples he met. Wherever he went, peace followed. And while he was away Isis reigned over the land of Egypt with strength and skill.

On his return there was great rejoicing, for all his people loved him.

All except one…

…son frère Set.

Jour après jour, année après année, Set regardait les bonnes actions de son frère aîné avec dédain dans ses yeux et jalousie dans son cœur. Alors que les acclamations pour Osiris résonnaient dans ses oreilles, la haine de Set le consumait, et il combina un plan pour détruire son frère à jamais.

…his brother Set.

Day after day, year after year, Set watched his elder brother's good deeds with scorn in his eyes, and jealousy in his heart. Now, as the cheers for Osiris rang in his ears, Set's hatred burned, and he devised a plan to destroy his brother forever.

Secrètement Set fit construire un magnifique cercueil. Il était décoré de manière exquise, et c'était juste la taille du corps d'Osiris.

Un festin royal fut tenu en l'honneur d'Osiris. Set était là avec ses partisans. Et là, il présenta le cercueil. Les invités poussèrent des cris de surprise et d'admiration en le voyant. Il brillait d'argent, d'or et de lapis-lazuli, bleu aussi profond que le ciel de la nuit, et les pierres précieuses brillaient comme des étoiles.

Secretly Set had a beautiful casket built. It was exquisitely decorated, and it was just the right size to fit Osiris' body.

A royal feast was held in Osiris' honour. Set was there with his followers. And there, he presented the casket. The guests let out gasps of wonder and delight at the sight of it. It shone with silver, gold and lapis lazuli, blue as deep as the night sky, and precious gems sparkled like stars.

« Celui qui s'ajustera à l'intérieur de ce cercueil l'aura en cadeau, » annonça Set.

Avidement les invités essayèrent le cercueil, riant et plaisantant. Un par un, ils s'étendirent dans le coffre, mais l'un était trop grand, l'autre trop petit, un autre trop gros, un autre trop mince. Pas un seul homme ne convenait à ce coffre.

Et puis Osiris s'est avancé. « Laisse-moi essayer, » dit-il. Il s'avança vers le coffre et s'allongea dedans. Cela lui allait parfaitement.

"Whoever fits inside this casket shall have it as a gift," Set announced.

Eagerly the guests entered the casket, laughing and joking. One by one they lay down in the chest, but one was too tall, another too short, one was too fat, another too thin. Not one man fitted into the chest.

And then, Osiris came forward. "Let me try," he said. He stepped into the casket and lay down. It fitted perfectly.

PAN ! Set claqua le couvercle et le ferma avec un bruit sec ; Osiris était pris au piège à l'intérieur. Aussi rapides que le vent, les partisans de Set se précipitèrent, et clouèrent le cercueil.

BANG! Set slammed down the lid and snapped it shut, and Osiris was trapped inside. Swift as the storm wind Set's followers rushed forward, and hammered the coffin closed.

Avec un éclaboussement de diable les partisans de Set jetèrent le cercueil dans le Nil, et les eaux sombres se refermèrent dessus.

Et ainsi se termina la vie d'Osiris le bon.

With an almighty splash Set's followers flung the coffin into the Nile, and the dark waters closed above it.

And so ended the life of Osiris the good.

Quand Isis découvrit ce qui était arrivé à son mari adoré elle pleura amèrement. Mais à travers ses larmes la reine veuve émit un vœu: « Les hommes meurent mais l'amour continue. Je chercherai Osiris dans toute l'Egypte, et je le trouverai. »

Elle savait que jusqu'à ce que les rites funèbres soient célébrés son esprit ne serait jamais libre pour entrer dans Duat, La Terre des Morts.

Isis commença sa recherche. Dès qu'elle fut partie Set prit le trône. Son régime était cruel et dur. La bonne reine Isis fut forcée de prendre refuge dans les marais et les jungles du delta. Là, elle donna naissance au fils d'Osiris, Horus. Tendrement la mère s'occupa de son fils. Mais elle savait que si Set le trouvait, il le tuerait. Aussi Isis confia-t-elle son bébé au soin de la bienveillante déesse du delta.

When Isis discovered what had happened to her beloved husband she wept bitterly. But through her tears the widowed queen uttered a vow: "Men die but love lives on. I will search all Egypt for Osiris, and I will find him."

She knew that until the proper funeral rites were performed his spirit would never be free to enter Duat, the Land of the Dead.

Isis began her quest. The moment she was gone Set seized the throne. His rule was cruel and harsh. The good queen Isis was forced to shelter in the swamps and jungles of the delta. There, she gave birth to Osiris' son, Horus. Tenderly the mother nursed her son. But she knew that if Set found him, he would kill him. So Isis entrusted her baby to the care of the kindly goddess of the delta.

La reine erra très loin à la recherche du corps d'Osiris, demandant à chacun s'il avait aperçu le coffre.

Pas une fois elle ne s'est reposée. Jamais elle n'a perdu espoir.

The queen wandered far and wide seeking the body of Osiris, passing no one without asking them if they had caught a glimpse of the chest.

Not once did she rest. Never did she give up hope.

Pendant longtemps elle chercha en vain, jusqu'à ce qu'un jour elle rencontre un groupe d'enfants. Ils avaient vu le coffre flotter en aval de la rivière et vers la mer. Les eaux rapides l'avait transporté jusqu'aux rives du Liban, où les vagues l'avait doucement posé à la base d'un jeune tamaris. L'arbre grandit autour du coffre, l'enveloppant dans son tronc jusqu'à ce qu'il soit complètement caché.

L'arbre merveilleux poussa grand et fort et aromatique. Sa renommée atteignit les oreilles du roi lui-même, et quand il le vit il ordonna : « Coupez-le ! Je le prendrai comme pilier dans mon palais ! »

Le tronc s'éleva dans le palais du roi, un pilier magnifique, son secret toujours bien gardé à l'intérieur.

For a long time she searched in vain, until one day she met a group of children. They had seen the chest floating down the river and away out to sea. The swift waters had carried it to the shores of Lebanon, where the waves had gently set it down to rest at the base of a young tamarisk tree. The tree quickly grew up around the casket, enfolding it within its trunk until it was completely hidden.

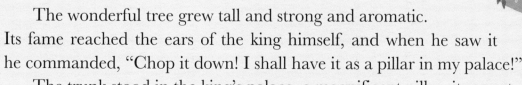

The wonderful tree grew tall and strong and aromatic. Its fame reached the ears of the king himself, and when he saw it he commanded, "Chop it down! I shall have it as a pillar in my palace!"

The trunk stood in the king's palace, a magnificent pillar, its secret still safe inside.

Isis partit pour le Liban immédiatement. Là, elle se lia d'amitié avec les servantes de la reine, bavardant chaleureusement, et leur montrant comment natter et tresser leurs cheveux. La reine était enchantée et invita Isis à rester au palais.

Isis rushed to Lebanon at once. There, she befriended the queen's maids, chatting warmly, and showing them how to plait and braid their hair. The queen was enchanted and invited Isis to stay in the palace.

Mais les servantes dirent à la reine que chaque soir Isis les renvoyait et s'enfermait dans sa chambre, et elles entendaient un son étrange comme le gazouillement d'un oiseau.

Donc, une nuit, la reine se cacha dans la chambre. Ses yeux s'agrandirent quand elle vit Isis se transformer en hirondelle, et voler autour du pilier lequel tenait son mari prisonnier, émettant des cris affligés.

But the maids told the queen that every night Isis would send them out of the room and lock the door, and they could hear an odd sound like the twittering of a bird.

So, one night, the queen hid in the room. Her eyes widened as she saw Isis transform herself into a swallow, and fly around and around the pillar which held her husband prisoner, uttering sorrowful cries.

La reine tomba à genoux lorsque la déesse Isis révéla sa forme véritable, planant, radieuse au dessus d'elle.

« Ultime Reine ! » sursauta la femme. « Pourquoi êtes-vous là ? »

« S'il vous plait, » implora Isis. « Je vous donnerai ma bénédiction, si vous me donnez votre pilier. »

Alors, un ordre fut donné pour faire descendre le pilier. Les hommes du roi coupèrent le tronc puissant.

Isis retira le cercueil de son mari, et se jeta dessus, et le baigna de ses larmes.


The queen fell to her knees as the goddess Isis revealed her true form, towering, radiant, above her.

"Ultimate Queen!" the woman gasped, "why are you here?"

"Please," Isis implored, "I will give you my blessing, if you will give me your pillar."

So, an order was sent to take down the pillar. The king's men cut down the mighty trunk.

Isis drew out the coffin of her husband, and fell upon it, and bathed it in tears.

Elle plaça le cercueil dans un bateau et partit avec lui.

Isis désirait revoir le visage d'Osîris encore une fois, et aussitôt qu'elle fut seule, elle ouvrit le coffre. Il était là. Mort. Elle le prit dans ses bras en pleurant, et ses larmes tièdes tombèrent sur le visage froid de son mari.

She placed the coffin in a boat and sailed away with it.

Isis was longing to look upon the face of Osiris once more, and as soon as she was alone, she opened the chest. There he was. Dead. She held him to her as she sobbed, and her warm tears fell upon the cold face of her husband.

Quand Isis arriva en Egypte elle cacha le cercueil dans les marécages du delta pendant qu'elle courut voir son fils.

Mais hélas ! Cette nuit-là quelqu'un était tapi dans l'ombre, chassant au clair de lune…

When Isis arrived in Egypt she hid the coffin in the swamps of the delta while she rushed to see her son.

But alas! On that very night somebody was lurking in the shadows, out hunting by the light of the moon…

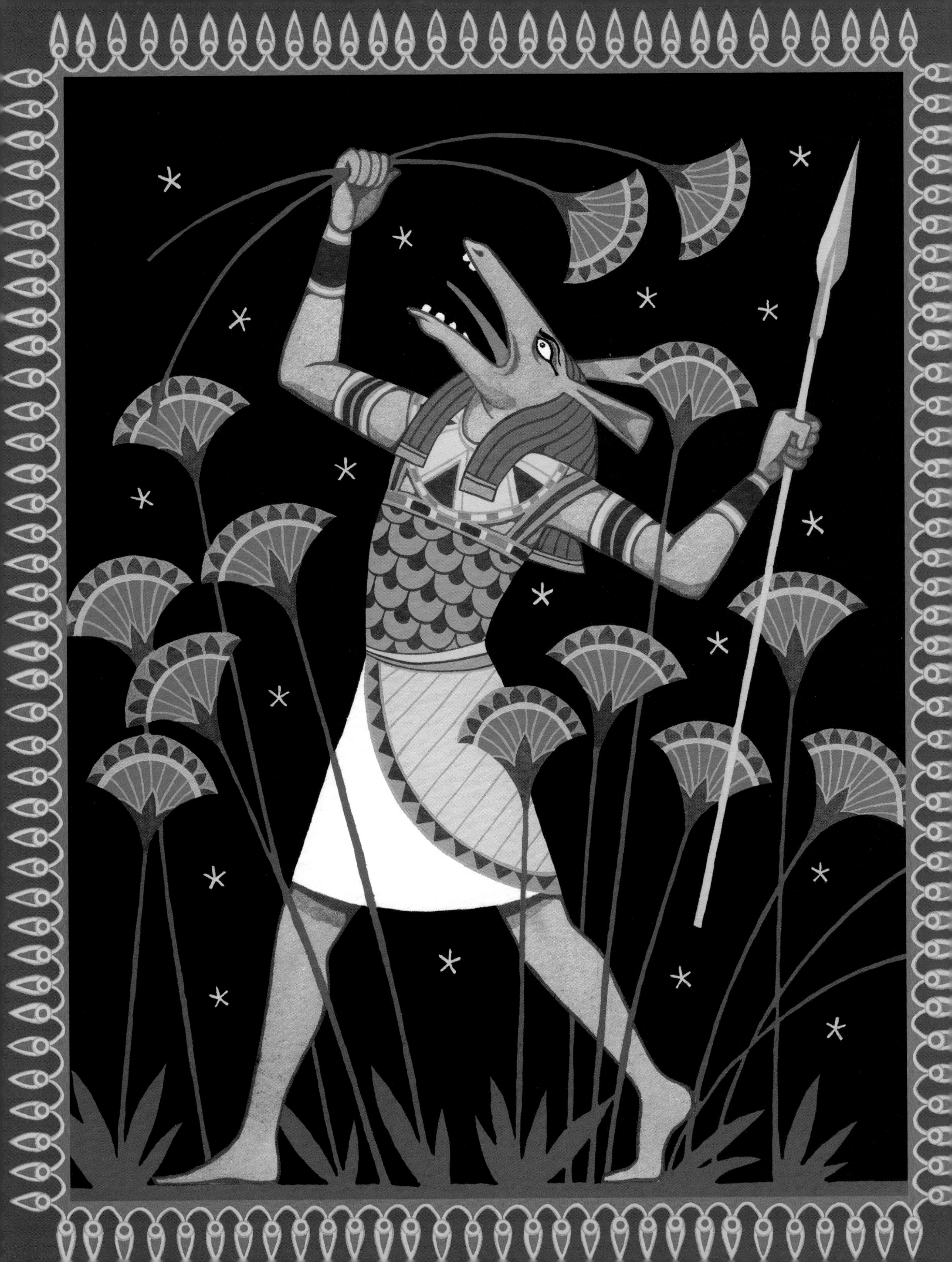

…Set ! Quand il est arrivé près du cercueil il le reconnut immédiatement.

Avec un hurlement de rage il saisit le corps du coffre. « Cette fois tu ne reviendras pas ! » gronda-t-il, et il arracha les membres un à un du corps d'Osiris. « Isis ne te sauvera pas une nouvelle fois ! » grogna-t-il, et il éparpilla les quatorze morceaux sur toute la longueur et la largeur de l'Egypte.

Isis, dont le cœur avait déjà tellement souffert, et dont les larmes étaient déjà tombées comme la pluie, maintenant versa assez de larmes pour inonder le Nil.

Abandonnerait-elle enfin ?


…Set! When he came across the coffin he recognised it at once.

With a howl of rage he snatched the body from the chest. "This time you will not return!" he roared, and he ripped Osiris' body limb from limb. "Isis will not save you again!" he snarled, and he scattered the fourteen pieces over the length and breadth of Egypt.

Isis, whose heart had already endured so much, and whose tears had already fallen like rain, now wept tears enough to flood the Nile.

Would she give up at last?

Jamais ! La brave reine se fabriqua un bateau en papyrus et navigua sur les marécages du Nil, cherchant les précieux morceaux du corps de son mari.

Morceau par morceau Isis rassembla les débris cassés. Morceau par morceau elle les assembla.

Isis et sa sœur Nepthys s'assirent à côté du corps et chantèrent des lamentations pour le roi tué. Leurs gémissements montèrent jusqu'au paradis, et dans les cieux le dieu Soleil Râ entendit leurs pleurs, et eut pitié d'Isis. Il envoya les dieux Anubis et Thot l'aider.

Ensemble ils emmaillotèrent le corps de bandelettes. Ensemble ils l'embaumèrent avec des onguents. Ainsi, la première momie d'Egypte fut faite.


Never! The brave queen made a boat for herself from papyrus and sailed the swamps of the Nile searching for the precious pieces of her husband's body.

Piece by piece Isis gathered up the broken parts. Piece by piece she laid them back together.

Isis and her sister Nepthys sat beside the body and sang loud laments for the murdered king. Their wailing reached as high as heaven, and up in the skies the Sun-god Ra heard their cries, and he took pity on Isis. He sent the gods Anubis and Thoth to help her.

Together they swathed the body in bandages. Together they embalmed it with ointment. Thus Egypt's first ever mummy was made.

Alors, Isis effectua un tour de magie très puissant, qui n'avait jamais été vu auparavant. Comme elle élevait ses bras ils se transformèrent en une paire d'ailes resplendissantes. Isis vola autour du cadavre, et comme elle agitait ses plumes le vent de ses ailes pénétra dans les narines d'Osiris, et il inhala, et respira à nouveau.

Et alors l'esprit d'Osiris fut enfin libre, et il passa dans la Terre des Morts. Là il régna comme Juge et Roi pour l'éternité.

Then Isis performed a powerful magic, such as had never been seen before. As she raised her arms they were transformed into a pair of glorious wings. Isis flew above the dead body, and as she fanned her feathers the wind from her wings rushed into Osiris' nostrils, and he inhaled, and breathed again.

And so the spirit of Osiris was free at last, and it passed into the Land of the Dead. There he ruled as Judge and King for all eternity.

Isis retourna au delta de la rivière pour élever son fils. Avec le passage des années Horus, l'héritier légitime du Roi d'Egypte, devint un jeune homme fort et courageux. Souvent Osiris revint de la Terre des Morts, et lui apprit l'habileté des guerriers, car par-dessus tout Horus espérait venger son père.

Avec détermination Horus, fils d'Isis, héritier d'Osiris, se mit en route pour vaincre ses ennemis.

Isis returned to the river delta to bring up her baby son. As the years passed, Horus, the rightful king of Egypt, grew into a strong and brave young man. Osiris often came to him from the Land of the Dead, and taught him the skills of the warrior, for above all else Horus hoped to avenge his father.

With a firm heart Horus, son of Isis, heir of Osiris, set out to defeat his enemy.

La bataille dura pendant de nombreux jours. Certains disent qu'Horus fit appel au pouvoir des dieux pour l'aider, et se transforma en disque étincelant aussi brillant que le soleil, avec des ailes de feux déployées. Aveuglées par l'éclat, les armées de Set furent éblouies et troublées et elles commencèrent à s'attaquer les unes aux autres !

The battle raged for many days. Some say Horus called on the power of the gods to help him, and was transformed into a blazing disc, as bright as the sun, with outstretched wings of fire. Blinded by the brightness, Set's armies were dazzled and confused and they began to attack one another!

Mais Set ne se laissait pas vaincre facilement; il pratiqua sa propre magie féroce, transformant ses hommes en une armée d'énormes hippopotames et de crocodiles. Silencieusement ils se glissèrent dans le Nil, attendant le bateau d'Horus.

Alors qu'Horus naviguait sur la rivière, ses hommes se préparaient. Leurs lances et chaînes étaient faites de fer, mais elles étaient renforcées de sorts.

Les hommes jetèrent leurs chaînes dans l'eau, emmêlant jambes et membres. Ils traînèrent les bêtes beuglantes vers leurs lances pointues et transpercèrent leurs peaux.

Quand Set vit ses bêtes détruites, ses cris de rage firent trembler la terre comme le tonnerre. « Je tuerai Horus moi-même, » jura-t-il, et il se transforma à nouveau - il avança vers Horus en monstre hideux, avec du sang coagulé puant qui coulait d'une tête pourrie.

But Set was not so easily defeated; he called on fierce magic of his own, transforming his men into an army of huge hippopotami and crocodiles. Silently they slid into the Nile, lying in wait for Horus' boat.

As Horus sailed up the river, his men prepared. Their lances and chains were crafted of iron, but they were strengthened with spells.

The men cast their chains into the water, entangling legs and limbs. They dragged the bellowing beasts towards the sharp points of their lances and pierced their skins.

When Set saw his beasts destroyed, his cries of rage shook the earth like thunder. "I will kill Horus myself," he swore, and changed his form again - he advanced on Horus as a hideous monster, with stinking gore dripping from a rotting head.

Avec un seul coup Horus trancha la tête, et tailla le corps en morceaux. La méchanceté de Set était enfin vaincue.

Horus était triomphant, et ainsi pour la première fois s'assit sur le trône de son père. Et Horus gouverna aussi sagement et aussi bien qu'Osiris avant lui.

With a single slice Horus cut off the head, and hacked the body to pieces. The wickedness of Set was quenched at last.

Horus was triumphant, and so for the first time sat down on his father's throne. And Horus ruled as wisely and as well as Osiris before him.